Mehmet

Frauke Nahrgang

Teufelskicker Junior

Wir stürmen ins Finale

Frauke Nahrjang

Wir stürmen ins Finale

mit Illustrationen von
Eleonore Gerhaher

Verlagsgruppe Random House FSC® N001967

1. Auflage 2016
© 2016 cbj Kinder- und Jugendbuchverlag
in der Verlagsgruppe Random House GmbH,
Neumarkter Straße 28, 81673 München
Alle Rechte dieser Ausgabe vorbehalten
Dieser Sammelband besteht aus:
Teufelskicker Junior – Fußballfreunde müsst ihr sein
erstmals erschienen 2014 unter der ISBN 978-3-570-15753-4
Teufelskicker Junior – Ein starkes Team
erstmals erschienen 2014 unter der ISBN 978-3-570-15925-5
Teufelskicker Junior – Der große Fußball-Zoff
erstmals erschienen 2015 unter der ISBN 978-3-570-17092-2
Umschlagbild und Innenillustrationen: Eleonore Gerhaher
Umschlagkonzeption: fruehling advertising GmbH, München
jk · Herstellung: UK
Satz: dtp im Verlag, MH
Reproduktion: ReproLine mediateam, München
Druck: Grafisches Centrum Cuno GmbH & Co. KG
ISBN: 978-3-570-17311-4
Printed in Germany

www.cbj-verlag.de

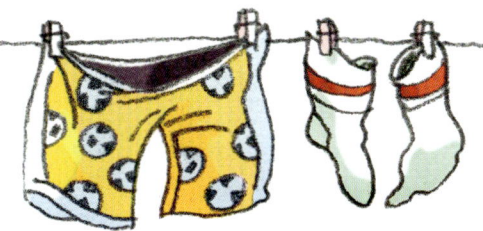

Inhalt

Fußballfreunde
müsst ihr sein

Einer für alle – alle für einen!

Alex spielt Fußball. Im tollsten Verein der Welt, bei Blau-Gelb. Zusammen mit seinen Freunden Niko, Catrina und dem Tormann Mehmet. Außerdem gibt es dort einen super Trainer, nämlich Norbert, und

einen treuen Fan.

Das ist Enes, Mehmets

kleiner Bruder.

Damit jeder gleich weiß, wie toll sie sind, nennen

die Blau-Gelben sich Teufelskicker.

Wer macht alle Gegner platt?

Tor! Tor! Tor für Blau-Gelb! Und Alex hat es erzielt. Na gut, es war nicht gerade das Tor des Monats. Eigentlich hat Niko abgezogen. Bamm – ein Pfostentreffer! Von dort ist der Ball zurückgeprallt. Alex brauchte die Zehenspitzen nur noch auszufahren. Drin! Ein echter Abstauber, aber auch so ein Tor zählt, und Alex kann sich feiern lassen.

Norbert winkt ihn heraus und macht Hendrik das Zeichen zum Wechsel. „Der möchte auch mal spielen", raunt er Alex zu.

„Ja, schon klar!"

Hendrik ist kein Stammspieler und steht oft draußen an der Linie. Logisch, dass er auch mal ran will. Obwohl er natürlich nichts reißen wird. Hendrik reißt nie etwas. Aber bei einem Spielstand von fünf zu null ist die Entscheidung längst gefallen. Auch die heutigen Gegner aus Fernwald wissen, dass eine Niederlage unvermeidlich ist und geben auf. Bis zum Schlusspfiff bekommen sie keine einzige Chance mehr.

In der Kabine geht es gleich darauf hoch her. Alle freuen sich über den Sieg. Niko schnappt sich Mehmets Limoflasche und röhrt hinein wie in ein Mikrofon: „Wer macht jeden Gegner platt?"

„Blau-Gelb!", kommt prompt die Antwort aus vielen Kehlen.

„Wer gewinnt auch das Turnier?"

„Blau-Gelb!"

Das Turnier! Darauf freut Alex sich besonders. Es findet in Treisbach statt, und die Mannschaft wird dort sogar in einem Zeltlager übernachten. Zwar hat Vanessa schon gestänkert, dass er bestimmt Heimweh kriegen wird. Aber das ist natürlich Blödsinn. Alex ist froh, wenn er seine große Schwester mal eine Weile nicht ertragen muss. Außerdem kann er sich so etwas Peinliches wie Heimweh gar nicht leisten. Alex wird nämlich mal Fußballprofi. Dann muss er oft ganz weit weg spielen. Zum Beispiel bei der Weltmeisterschaft in Brasilien.

„Geht's nicht ein bisschen lauter?", fragt Niko.

„Also, wer gewinnt das Turnier?"

„Nur Blau-Gelb! Blau-Gelb!", brüllen alle, und Alex brüllt begeistert mit.

Der Dieb ist ...

Plötzlich beginnt Catrina aufgeregt in ihren Sachen zu wühlen. „Mein Taschengeld ist weg!", ruft sie besorgt.

Niko zuckt mit den Schultern. „Meins auch! Gestern gekriegt, schon ausgegeben."

„Dein Problem", faucht Catrina. „Ich habe mein Geld jedenfalls nicht ausgegeben. Fünf Euro! Die habe ich eben erst von meiner Oma bekommen und in die Jackentasche gesteckt."

„Vielleicht sind sie unterwegs rausgefallen", vermutet Mehmet.

„Unmöglich!" Catrina schüttelt den Kopf. „Der Reißverschluss der Tasche war zu. Und als ich die Ja-

cke aufgehängt habe, haben die Münzen noch ge-
klimpert. Und jetzt?" Catrina schwenkt ihre Jacke.
Nichts klimpert mehr.

„Dann hast du es doch woanders hingesteckt",
meint Niko.

„Hab ich nicht", beharrt Catrina.

Zum Beweis kippt sie den
Inhalt ihres Rucksacks
aus. Bonbons, ein paar
schmutzige Strümpfe,
Zettelkram. Kein Geld.

„Jemand hat dein Geld
gestohlen", sagt Hend-
rik mit Überzeugung.

„Quatsch!", protestiert
Catrina. „Bei uns klaut
doch keiner!"

Mehmet pfeift durch die Zähne. „Bei uns nicht. Aber was ist mit den Typen aus Fernwald? Die könnten heimlich hier eingedrungen sein."

Genau! So war's! „Die haben sich die fünf Euro für die fünf Tore genommen", vermutet Alex. „Als Trost sozusagen."

„Na, die sollen uns kennenlernen!" Mit einer Kopfbewegung gibt Niko das Kommando zum Sturm auf die gegnerische Kabine. Doch zur Überraschung aller stellt Hendrik sich ihm in den Weg.

„Die waren das nicht!"

„Nicht? Wie meinst du das?"

„Ich meine, dass in letzter Zeit öfter mal Sachen verschwunden sind. Zum Beispiel mein Handy."

Niko winkt ab. „Glaub's doch endlich: Das hast du verloren."

„Ach ja? Und was war mit Mehmets Uhr? Hat er die auch verloren?"

„Keine Ahnung", sagt Mehmet gleichmütig. „Die war sowieso Schrott."

„Mein Portemonnaie ist auch weg", fällt Eddy ein. „Zum Glück waren nur ein paar Cent drin. Aber das konnte der Dieb ja nicht wissen."

Dieb! Bei diesem Wort zucken alle zusammen. Und plötzlich ist es sonnenklar. Es gibt wirklich einen Dieb. Und er stammt nicht aus Fernwald.

Bedrückt spricht Alex aus, was alle denken: „Es ist einer von uns."

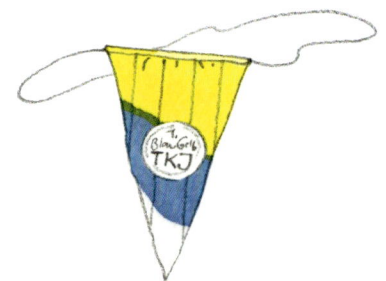

Alles bestens

Betretenes Schweigen in der Kabine, denn diese Nachricht muss erst mal verdaut werden.

„Hicks!"

Vor lauter Aufregung hat Enes Schluckauf bekommen. „Hicks! Hicks!" Zu allem Überfluss wird er auch noch knallrot.

Eddy kneift die Augen zusammen und betrachtet ihn misstrauisch. „Jemand, der nicht mitspielt, hat natürlich viel Zeit in den Sachen anderer Leute rumzuwühlen", sagt er.

Empört springt Mehmet auf und fragt: „Was willst du damit sagen?"

„Ich meine ja nur", murmelt Eddy eingeschüchtert.

„Behalt deine Meinung für dich!", knurrt Mehmet gereizt. „Vor allem, wenn sie Müll ist."

Catrina wuschelt Enes durch die Haare und meint: „Logisch, dass der Kleine es nicht war. So etwas würde er nie tun."

„Aber einer hat es getan", sagt Alex bedrückt. „Und so lange wir nicht wissen wer, verdächtigen wir uns gegenseitig."

„Dann sind wir bald keine Mannschaft mehr, sondern ein zerstrittener Haufen", befürchtet Catrina.

„So weit darf es nicht kommen", sagt Niko. „Das muss auch der Dieb einsehen. Und deshalb soll er sich jetzt melden. Er gibt die Sachen einfach zurück und Schwamm drüber." Erwartungsvoll schaut er in die Runde. Aber keine Hand geht hoch.

„Wir müssen mit Norbert reden", schlägt Hendrik vor.

„Bloß nicht!", sagt Catrina erschrocken. „Dann kannste das Turnier vergessen."

„Genau", stimmt Niko ihr zu. „Wenn der Trainer uns nicht vertrauen kann, dürfen wir nicht fahren."

„Also was dann?", fragt Mehmet.

„Es gibt nur eine Lösung", sagt Alex. „Wir müssen den feigen Täter selbst finden."

„Das klappt nie!", glaubt Hendrik. „Dafür ist der Typ viel zu schlau."

„Woher willste das denn wissen?", fragt Niko misstrauisch. „Kennst du ihn etwa?"

Hendrik schüttelt den Kopf. „Nö, natürlich nicht."

Die Tür wird geöffnet.

„Also kein Wort über diese Sache", kann Niko gerade noch zischeln.

Da steht Norbert schon in der Kabine. Verwundert schaut er seine Spieler an. „Sieht nicht nach einer rauschenden Siegesfeier aus", stellt er fest. „Alles in Ordnung bei euch?"

„Alles bestens!", behauptet Alex. Aber das stimmt ganz und gar nicht.

Die letzte Frist

Wer ist bloß dieser gemeine Dieb? Darüber grübelt Alex nun schon seit Tagen. Das ist schlecht, denn ein Fußballer muss den Kopf freihaben. Doch Alex' Kopf fühlt sich so schwer an wie ein Kürbis. So ist es kein Wunder, dass er beim nächsten Training wie ein Anfänger über den Platz stolpert.

„Nun reiß dich doch endlich mal zusammen!", schimpft er mit sich selbst. Aber es nützt nichts. Wo steckt eigentlich Serkan? Beim Warmlaufen war er noch da. Macht er vielleicht gerade lange Finger? Nein! Serkan hockt am Spielfeldrand und begutachtet sein aufgeschlagenes Knie.

Aber Eddy? Hat mit Niko Doppelpässe geübt und

jetzt dribbelt Niko allein. Alex sucht den ganzen Platz ab. Ohne Erfolg. Bestimmt stöbert Eddy gerade in den Sachen der anderen. Na warte! Alex sprintet zum Vereinsheim und reißt die Kabinentür auf.

Nichts! Kein Dieb weit und breit.

„Eddy?", ruft Alex.

Die Antwort kommt durch die Klotür: „Ja, Mann, ich muss mal, wenn's erlaubt ist."

Aber nicht nur Alex ist als Detektiv unterwegs. Nein, jeder Blau-Gelbe belauert jeden.

So ist es kein Wunder, dass alle den letzten Murks zusammenkicken.

„Was ist bloß los mit euch?", fragt Norbert ein paarmal ratlos. Aber weil er keine Antwort bekommt, beendet er das Training viel früher als sonst.

In der Kabine vermisst Serkan sein Haargel. „Die Tube war noch ganz voll", beschwert er sich.

„Eddy?", fragt Alex misstrauisch. „Du warst ziemlich lange auf dem Klo, oder?"

„Willst du damit sagen, dass ich das blöde Gel genommen habe?", fragt Eddy empört. „Dann schau doch in meiner Tasche nach, ob du´s finden kannst."

„Hört auf euch anzugiften!", fordert Catrina. „Hendrik hat recht. Allein kommen wir damit nicht klar. Wir müssen mit Norbert reden."

„Dann ist das Turnier im Eimer", befürchtet Alex.

Niko zuckt die Schultern. „Wenn wir uns gegenseitig nicht mehr trauen, brauchen wir dort gar nicht erst anzutreten."

Ja, schon. Aber so ein tolles Turnier gibt es nicht oft.

„Warten wir noch bis zum Wochenende", schlägt Alex vor. „Wenn wir den Dieb dann immer noch nicht gefasst haben, reden wir mit Norbert."

Detektivarbeit

Am Samstag steigt das Heimspiel gegen Tiefenbrück.

Auf dem Weg zum Stadion beklagt sich Alex bei
Niko: „Den Dieb haben wir immer noch nicht. Jeder
könnte es sein."

„Jeder?", fragt Niko. „Ich auch?"

Niko? Seine nagelneuen Fußballschuhe – hat die
wirklich seine Oma bezahlt, wie er behauptet?

„Quatsch!", sagt Alex hastig. „Langsam sehe ich
schon Gespenster."

„Vertreib sie!", verlangt Niko. „Jetzt dürfen wir nur
an Tiefenbrück denken."

Doch die Gespenster lassen sich nicht vertreiben.

30

Auch während des Spiels sind sie noch da und lenken die Blau-Gelben ab. Fehlpässe, Luftlöcher, versiebte Chancen, alle spielen unterirdisch. So steht es zur Pause schon drei zu null für die Gäste.

Für die zweite Halbzeit hat Alex sich viel vorgenommen. Aber er kann sich einfach nicht konzentrieren. Immer wieder schielt er zur Außenlinie. Sind alle Auswechselspieler noch da? Hat sich einer heimlich verdrückt?

Wusch! Da zischt der Ball an ihm vorbei.

„Hinterher!", brüllt Norbert vom Rand.

Zu spät. Schon hat der Stürmer aus Tiefenbrück das Leder versenkt.

„Schiri, wir wechseln!" Norbert winkt Alex heran und schickt Serkan für ihn aufs Feld.

O Mann, so einen Murks hat Alex schon ewig nicht mehr gekickt. Man kann eben nicht beides sein, Fußballer und Detektiv. Deshalb Schluss mit der Schnüffelei! Gleich nach dem Spiel wird Alex mit Norbert reden. Das Turnier ist futsch. Aber in dieser miserablen Form hat Blau-Gelb dort sowieso nichts zu suchen.

Den Kopf voller trüber Gedanken brütet Alex vor sich hin. Plötzlich klingelt ein Handy. Hendrik zieht es aus seiner Tasche und beginnt ein langweiliges Gespräch, vermutlich mit seiner Mutter. Gerade will Alex die Ohren auf Durchzug stellen, da macht es klick in seinem Kopf. Hendrik und sein Handy – da war doch was?

Der Schiedsrichter hat genug von diesem einseitigen Spiel und pfeift ab.

„Hendrik?", fragt Alex leise. „Hast du mir vielleicht etwas zu sagen?"

Erschrocken drückt Hendrik sein Gespräch weg. „Nachher bei mir daheim", stößt er hervor. Dann rennt er in die Kabine.

Hendriks Chinesisch

„Jetzt ist Schluss!", sagt Niko wütend. „Jetzt reden wir mit Norbert."

„Wir besuchen ihn morgen", schlägt Alex hastig vor. „Heute habe ich nämlich noch was vor."

„Hat unser Detektiv wieder eine heiße Spur?", spöttelt Eddy.

„Ne, ich muss für meine Mutter was einkaufen!" Mit dieser Ausrede verabschiedet sich Alex von seinen Freunden. Er will unbedingt allein mit Hendrik reden. Vielleicht ist es wieder nur falscher Alarm. Vielleicht hat Hendrik sich ein Handy geliehen. Oder seine Oma hat ihm ein neues geschenkt.

Eine halbe Stunde später klingelt Alex an Hendriks

Tür. Dessen Mutter öffnet und sagt freundlich: „Hendrik erwartet dich schon."

Hendrik sitzt auf seinem Bett und blättert in einem Schulheft. „Der Dieb war wohl doch nicht ganz so schlau", sagt er und versucht zu lächeln, aber das misslingt. Er deutet auf die Überschrift auf einer Heftseite: Diebstähle.

Darunter ist alles ordentlich notiert:

- Armbanduhr von Mehmet
- Portemonnaie mit 7 Cent von Eddy
- 5 Euro in Münzen von Catrina
- Haargel von Serkan

Entgeistert starrt Alex auf die Buchführung. „Warum?", fragt er.

„Ich habe gehofft, es reicht, wenn mein Handy verschwindet. Aber niemand hat geglaubt, dass es gestohlen worden ist. Deshalb musste ich immer weitermachen, verstehst du?"

Nein! Kein einziges Wort!

Unbeirrt fährt Hendrik fort: „Eddy hatte ganz recht. Jemand, der selten mitspielt, hat genug Zeit zum Stehlen. Es ist nie jemandem aufgefallen, wenn ich mal kurz verschwunden bin. Aber ich habe alles aufgeschrieben, damit jeder sein Eigentum zurückbekommt, wenn die ganze Sache vorbei ist."

„Welche Sache? Was redest du?"

„Das Turnier! Ich habe dauernd gehofft, dass es abgeblasen wird, weil man mit einem Dieb in der Mannschaft nicht fahren kann. Aber nun ist es sowieso egal." Er zieht eine Schachtel unter seinem Bett hervor. „Hier sind die geklauten Sachen drin. Bitte sag allen, dass es mir leid tut."

Alex lässt sich neben Hendrik auf die Bettkante sinken. „So, und jetzt noch mal von vorn!", verlangt er. „Aber diesmal nicht wieder auf Chinesisch. Denn dann verstehe ich nur Bahnhof."

Schluss mit der Schnüffelei

Hendrik zögert noch einen Moment, aber dann rückt er mit einem weiteren Geständnis raus: „Ich will nicht woanders schlafen. Auch nicht in einem Zelt in Treisbach. Ich kriege schreckliches Heimweh. Wie damals bei der Übernachtung im Kindergarten. Da habe ich so geheult, dass Mama mich wieder abholen musste."

„Und deshalb hast du so eine Diebes-Show abgezogen?"

„Ja, weil Heimweh peinlich ist, deshalb."

O Mann, das stimmt! Furchtbar peinlich sogar.

„Dir kann so was nicht passieren", fährt Hendrik fort. „Du hast viele Freunde. Aber ich …"

Das ist doch Quatsch, oder? Alle Teufelskicker müssen doch Freunde sein. Aber dann fällt Alex ein, dass er kaum etwas von Hendrik weiß. Und wenn die anderen sich am Nachmittag verabreden, ist Hendrik nie dabei. Plötzlich tut Hendrik ihm richtig leid.

„Klar hast du Freunde!", beteuert er hastig. „Mich zum Beispiel."

„Das habe ich gar nicht gewusst", sagt Hendrik leise. Nein, Alex hat es auch nicht gewusst. Bis gerade eben jedenfalls. Aber jetzt weiß er es ganz genau.

„Ich möchte gerne, dass du mitfährst", versichert er.

„Aber die anderen?", fragt Hendrik besorgt. „Einen Dieb wollen die bestimmt nicht mitnehmen."

Alex winkt ab. „Das biege ich schon wieder hin, versprochen. Und das Turnier wird dir bestimmt gefallen. Im Notfall kannst du immer noch daheim anrufen. Dein Handy hat der Dieb ja zum Glück zurückgegeben."

Hendrik lächelt. „Danke, Alex", sagt er.

Zu Hause angekommen muss Alex einige wichtige Telefonate führen.

„Wie verrückt ist das denn?", lautet Nikos Kommentar. „Aber Hauptsache, der Spuk ist jetzt vorüber, und wir können unbesorgt zum Turnier fahren."

„Hendrik hat mein Geld sicher verwahrt?", fragt Catrina erfreut.

„Prima, sonst hätte ich es längst ausgegeben."

„Mein Opa hat mir eine neue Uhr aus der Türkei geschickt", erzählt Mehmet. „Enes bekommt die alte, als Trost, dass er nicht zum Turnier mitdarf."

„Das Gel kann er behalten", sagt Serkan. „Ich war gestern beim Frisör und habe die Haare ganz kurz."

Und Eddy meint: „Dann kannst du ja endlich aufhören, mir hinterherzuschnüffeln."

Genau, Alex kann sich endlich wieder voll auf Fußball konzentrieren.

Gespräch in der Nacht

Treisbach in der Nacht. Niko schläft wie ein Murmeltier. Aber Alex wälzt sich hin und her. Was ist bloß los? Das Turnier ist doch bisher prächtig verlaufen. Mit drei Siegen und einem Unentschieden hat Blau-Gelb das Endspiel erreicht. Alex hat super gespielt und sogar drei Tore geschossen. Warum also fühlt er sich so mies?

Plötzlich weiß er Bescheid. O nein, ist das peinlich! Heimweh! Alex hat Heimweh wie ein Baby. „Spinnst du jetzt total?", schimpft er mit sich selbst. „Schämst du dich gar nicht?"

Doch Alex schämt sich. Aber es hilft nichts. Alle drei Tore würde er dafür geben, wenn er jetzt daheim sein könnte bei Mama und Papa und Vanessa. Ja, sogar bei Vanessa. So schlimm ist es.

Wo ist Hendrik? Seine Luftmatratze ist leer. Also ruft er gerade zu Hause an, damit seine Mutter ihn abholt. Alex will mit! Weg vom Turnier! Weg vom Zeltlager! Heim! Hastig befreit er sich aus seinem Schlafsack und krabbelt aus dem Zelt.

Vor dem Eingang sitzt Hendrik. „Kannst du auch nicht schlafen?", fragt er überflüssigerweise.

„Hhm."

„Schau mal, die Sterne. Sind die nicht schön?"

„Hhm."

„Später werde ich mal Weltraumforscher."

„Ich wollte eigentlich Fußballprofi werden", sagt Alex leise. „Aber daraus wird wohl nichts."

„Warum nicht? Du hast doch super gespielt."

„Schon. Aber Profis müssen oft weit reisen. Nach Brasilien oder so. Deshalb dürfen die kein Heimweh haben."

„Glaube ich nicht", sagt Hendrik. „Die haben auch welches. Genauso wie die Weltraumforscher, wenn die jahrelang durchs All fliegen."

„Meinst du?"

„Bestimmt. Man darf dann nur nicht allein sein. Zusammen mit einem Freund kann man es besser aushalten, findest du nicht?"

44

Doch. Alex findet das auch. Zusammen mit Hendrik fühlt sich das Heimweh schon nicht mehr ganz so schrecklich an.

„Willst du nicht mitkommen?", fragt er. „Später, wenn ich zur Weltmeisterschaft muss?"

„Mach ich", verspricht Hendrik. „Wenn ich nicht gerade unterwegs zum Mars oder sonst wohin bin."

Noch ein Abstauber

Im Endspiel stehen Blau-Gelb und der Gastgeber Treisbach.

Aufgeregt zappelt Hendrik an der Seitenlinie herum. „Wir müssen gewinnen", fordert er.

Ja, logisch, was denn sonst?

Alex fühlt sich unbesiegbar.

In der Nacht ist er schon mit einem viel stärkeren Gegner fertig geworden, nämlich mit seinem Heimweh. Dagegen ist Treisbach doch ein Klacks.

46

Doch leider verteidigen die Gegner sehr geschickt. Kein Durchkommen für die gefährlichen Angreifer von Blau-Gelb.

Kurz vor Schluss steht es immer noch null zu null. Was nun? Selber dicht machen und den Pokal im Elfmeterschießen holen? Mit einem starken Tormann wie Mehmet könnte das klappen. Aber es kann auch schiefgehen. Ein einziger Konter in der letzten Minute und alle Träume sind geplatzt. Also weiter volle Kraft voraus!

Alex ist am Ball. Sofort wird er attackiert. Pah, sollen sie doch kommen. Das Leder hat er längst schon zu Niko hinübergeschickt. Und wenn der jetzt einen Hammer auspackt …

Doch schon ist ein Treisbacher da. Ein Pressschlag. Knöchel an Knöchel, und beide Spieler gehen zu Boden.

Der Treisbacher kann nach einer Portion Eisspray weitermachen. Aber für Niko ist das Spiel gelaufen. Humpelnd verlässt er den Platz und Norbert schickt Hendrik ins Spiel.

O nein! Hendrik ist ein guter Freund. Aber ein guter Fußballer ist er nicht. Seine Einwechslung bei diesem Spielstand ist ein Risiko. Und wenn Blau-Gelb jetzt seinetwegen verliert … Das darf nicht passieren. Und wenn Alex für zwei ackern muss!

Der Schiedsrichter schaut schon auf die Uhr, da versucht es Catrina noch einmal mit einem langen Ball. Alex marschiert. Doch schon kommen zwei Bewacher auf ihn zu. Abgeben? Im Strafraum steht nur Hendrik verloren herum. Dann bleibt nur eine Möglichkeit! Mit voller Wucht zieht Alex ab. Tor? Nein. Der Schuss explodiert – bamm – am Pfosten. Das gibt's doch nicht. So ein Pech! Aber halt!

Der Ball prallt zurück, trifft Hendriks Knie und springt von da in die Maschen. Ungläubig starrt Alex hinterher. Aber es bleibt dabei. Was den anderen heute nicht gelungen ist, hat Hendrik geschafft. Irgendwie hat er das Leder über die Linie bugsiert.

Kein Fall für einen Detektiv

Alle Blau-Gelben feiern Hendrik begeistert. Niko kommt angehumpelt und übertönt den Jubel: „Leute, der Dieb hat wieder zugeschlagen!"

„Äh, wie …?"

„Das ist doch unmöglich!"

„Aber ich … Diesmal war ich's wirklich nicht …" Hendrik kommt ins Stottern und läuft knallrot an.

„Doch!" Niko lacht. „Genau du warst es. Und zwar gerade eben. Mit deinem listigen Abstauber hast du den Treisbachern den Pokal vor der Nase weggemopst."

Der größte Teil des Gepäcks ist schon im Bus verstaut, da beginnt Catrina plötzlich in ihren Jackentaschen zu wühlen. „Mein Geld ist weg!", verkündet sie aufgeregt.

O nein! Beginnt das ganze Theater jetzt etwa von vorn? Muss Alex schon wieder ermitteln, statt Fußball zu spielen?

Doch da gibt Catrina Entwarnung: „Halt! Jetzt weiß ich wieder, wo es ist! Ich habe es gestern Abend ausgegeben." Stolz zieht sie etwas aus ihrem Rucksack: ein Herz aus lila Plüsch. Darauf steht: Zur Erinnerung an das Turnier in Treisbach.

„Ist es nicht süß?", fragt sie.

Süß? Nein, kein bisschen! Catrina leidet an Geschmacksverirrung. Aber das kann Alex egal sein. Geschmacksverirrung ist zum Glück kein Fall für einen Detektiv.

Ein starkes Team

Der beste Fußballverein der Welt

Der beste Fußballverein der Welt, das ist Blau-Gelb.
Davon sind Niko und Alex und Mehmet fest über-
zeugt. Die drei Freunde müssen es wissen, denn sie
spielen ja dort.x c c v
Niko und Alex schießen viele Tore.
Mehmet ist Tormann und bringt mit seinen Paraden
alle Gegner zur Verzweiflung.
Damit jeder weiß, wie toll ihr Verein ist, nennen die
Blau-Gelben sich *Teufelskicker*. Das klingt cool und

schüchtert jeden Gegner ein. Catrina hat sich diesen
Namen ausgedacht. Sie spielt auch für Blau-Gelb.
Dann gibt es noch den Trainer Norbert.
Eine wichtige Person dürfen wir nicht vergessen:
Enes! Mehmets kleiner Bruder geht noch in den
Kindergarten und ist ein treuer Fan von Blau-Gelb.
Natürlich lässt er sich kein Spiel entgehen.
Niko, Alex und Mehmet gehen in die 2a der Teu-
felsgrundschule. Ja, okay, Schule muss eben sein.
Auch wenn es für echte Teufelskicker wirklich wich-
tigere Dinge im Leben gibt.

So eine Ungerechtigkeit!

„Bist du auch so aufgeregt?", flüstert Niko Alex zu. Eigentlich ist die Frage völlig überflüssig. Natürlich ist Alex genauso aufgeregt wie Niko. Heute Nachmittag steigt nämlich das Spiel der Spiele. Das Heimspiel gegen den VfB.

Der VfB hat sein Stadion in der Südstadt, ein großes Stadion mit einer echten Tribüne. Darauf bilden sich alle VfBer mächtig viel ein. Ständig prahlen sie herum, und so ist es kein Wunder, dass kein Blau-Gelber diese Angeber leiden kann. Deshalb muss heute ein Sieg her. Alles andere wäre eine Katastrophe! Ob Alex also aufgeregt ist? Aber hallo, was denn sonst?

Frau Pirosky findet Nikos Frage auch überflüssig. Sie ist die Lehrerin der Klasse 2a. Leider mag sie es überhaupt nicht, wenn sich ihre Schüler beim Rechnen unterhalten. Auch wenn sie nur ganz leise flüstern und bestimmt niemanden stören.

„Niko, setz dich bitte neben Rebekka", sagt Frau Pirosky. „Dann kannst du endlich mal in Ruhe arbeiten."

O nein, bloß das nicht!

„Ich bin jetzt ganz leise", versichert Niko hastig.

Vergeblich.

„Ach, Niko, das hast du schon so oft versprochen. Also bitte!"

Und auch wenn die Lehrerin „bitte" sagt, ist es doch sonnenklar: Es ist ihr letztes Wort. Unglücklich trottet Niko los. Neben einem Mädchen sitzen! Das ist so peinlich!

Na also, Mark grinst schon ganz schadenfroh. Mark spielt auch Fußball. Aber er ist einer von den VfB-Angebern. Der schlimmste eigentlich. Deshalb ist es kein Wunder, dass es mit ihm immer Streit gibt. Gerade stößt er Jonas an und flüstert ihm etwas zu. Sicher eine Gemeinheit. Etwas anderes fällt dem doch gar nicht ein.

Mark und Jonas kichern. Aber keiner von beiden muss sich deshalb neben ein Mädchen setzen. So eine Ungerechtigkeit!

Richtig süß

Neben einem Mädchen zu sitzen, das ist schon schrecklich genug. Aber neben Rebekka? Das ist die Höchststrafe. Rebekka ist eine Streberin, die sich in alles einmischt und sich dauernd wichtigmacht.

Niko hockt sich ans äußerste Ende des Tisches. Aber das hilft nichts. Rebekka rückt hinterher und steckt ihre Nase in Nikos Heft.

„Du hast ja erst ein Päckchen geschafft", nörgelt sie und klingt dabei selbst wie eine Lehrerin. „Das kommt davon, weil du immer so viel schwätzt."

Niko wirft Frau Pirosky einen Hilfe suchenden Blick zu. Jetzt müsste sie doch auch mal mit Rebekka schimpfen, oder? Aber Frau Pirosky erklärt Mehmet gerade eine Aufgabe und kümmert sich nicht um die wirklich wichtigen Dinge in ihrer Klasse.

Alex geht langsam zum Papierkorb. Dabei schiebt er Niko unauffällig einen Zettel zu.

Wir wexeln uns ap. Ich setz mich auch mal neben die.

Dankbar lächelt Niko Alex an. Er ist ein echter Freund. Das ist wenigstens ein kleiner Trost.

Niko lässt den Zettel in seiner Hosentasche verschwinden. Leider nicht schnell genug.

Missbilligend schüttelt Rebekka den Kopf und zischelt: „Abwechseln schreibt man ganz anders. Nicht mit x und auch nicht mit p."

Nein! Sie werden sich nicht abwechseln. Niko darf das großzügige Angebot auf keinen Fall annehmen. So eine Nervensäge kann er Alex einfach nicht zumuten. Das gehört sich nicht unter echten Freunden.

„Aber weißt du was?", flüstert Rebekka und kichert dabei. „Dass Alex auch mal neben mir sitzen will, das finde ich richtig süß."

Niko seufzt. In Ruhe arbeiten? Von wegen. Bis zur Pause schafft er keine einzige Aufgabe mehr.

Gruß an Rebekka

Endlich klingelt es zur Pause. Erleichtert kramt Niko seinen Ball aus der Sporttasche. Ein kleiner Kick auf dem Schulhof ist die beste Erholung vom Schulstress. Brotdosen als Torpfosten und schon kann es losgehen. Da kommen Mark und seine Freunde. Sie wollen auch mitspielen.

„Gern", sagt Alex. „Dann hauen wir euch heute gleich zweimal die Kiste voll. Jetzt und am Nachmittag."

„Abwarten!" Mark stößt Jonas an und die beiden grinsen blöd. O Mann, davon wird Niko ganz nervös. So ist es kein Wunder, dass er gleich den ersten Zweikampf verliert. Mark kommt frei zum Schuss.

Doch zum Glück kann Alex in höchster Not klären. Puh, das ist gerade noch mal gut gegangen! Egal, abhaken, weiterkämpfen. Aber gleich darauf versiebt Niko eine Riesenchance. Dabei macht er solche Dinger sonst im Schlaf.

„Mann, musst du erst noch deine Beine sortieren?", mosert Mehmet.

Darauf hat Mark nur gewartet. „Das liegt nur an der Liebe", sagt er spitz. „Die ist eben nichts für Fußballer."

66

„Was redest du für einen Müll?", fragt Alex gereizt.

„Gar kein Müll!" Mark kichert vergnügt. „Wisst ihr es denn noch nicht? Niko und Rebekka! Das neueste Liebespaar!"

Boah, was für eine Unverschämtheit! Sie trifft Niko wie ein harter Schuss in den Magen. Zornig ballt er die Faust. Am liebsten würde er es dem Kerl mal richtig zeigen.

Doch Alex hält ihn zurück. „Vorsicht, die Scheinhard im Anmarsch!", zischelt er.

Frau Scheinhard ist die strengste Lehrerin der Schule. Und die Fußballer der 2a hat sie besonders auf dem Kieker. Eine Prügelei direkt unter ihren Augen würde zweifellos eine Menge Ärger nach sich ziehen.

„Schönen Gruß an Rebekka", stichelt Mark noch, ehe er sich hastig verdrückt.

Trübe Aussichten

Finster schaut Niko seinem Widersacher nach.

„Lass doch den Idioten!", sagt Alex. „Die Antwort kriegt er schon noch. Wetten, nach der Niederlage von heute reißt er die Klappe nicht mehr so weit auf."

Aber davon ist Niko nicht überzeugt. Mark wird keine Ruhe geben. Solange Niko neben Rebekka sitzen muss, wird er immer wieder blöde Sprüche klopfen.

Und irgendwann werden die anderen diesen Quatsch glauben. Niko und Rebekka! Wie mega-peinlich! Wenn sich das erst mal rumspricht, ist er für immer blamiert.

Mehmet versucht, seinen Freund aufzumuntern: „Vielleicht darfst du ja bald wieder auf deinen alten Platz zurück", sagt er.

Niko schüttelt den Kopf. „Nie im Leben. Ehe Frau Pirosky ihre Meinung ändert, müsste schon ein Wunder geschehen."

Aber halt, vielleicht kann man dem Wunder ein bisschen auf die Sprünge helfen. Niko versucht es mit dem Trick der Ahnungslosen. Der funktioniert bei Erwachsenen manchmal gut. Als wäre er nie weg gewesen, setzt Niko sich nach der Pause wieder neben Alex. Leider ist Frau Pirosky so wachsam wie ein Schiri im Strafraum.

„Hast du etwa vergessen, was wir ausgemacht haben?", fragt sie.

Da weiß Niko, dass es kein Wunder geben wird. Und dass er noch eine Ewigkeit neben Rebekka sitzen muss. Mindestens. Und genauso lange muss er Hohn und Spott ertragen. Was für trübe Aussichten! Die werden auch mit einem blau-gelben Sieg nicht freundlicher.

Eine gefährliche Krankheit

Als Niko aus der Schule kommt, ist seine Laune immer noch im Keller. Selbst sein Lieblingsgericht, Kartoffelbrei und Frikadellen, kann ihn nicht aufheitern. Lustlos stochert er auf seinem Teller herum.

„Was ist denn mit dir los?", erkundigt sich seine Mutter besorgt.

Wie gerne würde Niko ihr von der schreienden Ungerechtigkeit erzählen. Aber wozu? Erwachsene halten immer zusammen. Vor allem wenn es um die Schule geht. Erst vor einer Woche hat man das gesehen. Da hat Frau Pirosky angerufen und sich beschwert, dass Niko und Alex nicht aufpassen. Dabei stimmt das gar nicht. Meistens passen sie auf.

Jedenfalls ziemlich oft. Aber Nikos Eltern haben der Lehrerin trotzdem geglaubt. Sie haben mit Niko geschimpft und sogar mit Fußballverbot gedroht, wenn er sich nicht bessert.

Fußballverbot! Das wäre eine Katastrophe. Niko will mal Fußballprofi werden und in der Bundesliga spielen. Da muss er viel trainieren. Am besten jeden Tag. Ein Fußballverbot würde das Ende aller Träume bedeuten.

„Bist du etwa krank", bohrt Nikos Mutter nach.

Hastig schiebt Niko sich einen dicken Brocken in den Mund. „Nö, gar nicht", nuschelt er. „Alles in bester Ordnung."

Aber das stimmt nicht. Auch am Nachmittag ist Niko noch mies drauf.

Enes dagegen ist total aufgedreht. Auf dem Weg

zum Stadion verkündet er voller Vorfreude die Tak-
tik für das wichtige Spiel: „Die machen wir platt!
Stimmt's, Niko?"

„Hhm", brummelt Niko einsilbig.

Enes stutzt. „Was'n los mit dir?", erkundigt er sich.

„Der Ärmste muss seit heute in der Schule neben
Rebekka sitzen", erklärt Mehmet. „Neben einem
echten Mädchen."

„Na und?", wundert sich der Kleine. „Da ist doch
nichts dabei."

„Doch", jammert Niko. „Ich glaube, ich habe eine Allergie."

„Eine Aller… Aller…? Was für ein Ding?"

„Eine Allergie, und zwar gegen Mädchen!"

„So was gibt's", bestätigt Alex. „Bei mir ist das ganz ähnlich. Ich muss nur an meine Schwester denken, schon juckt es mich überall."

„Ist das gefährlich?", fragt Enes besorgt.

Mehmet nickt. „Sehr gefährlich. Und du wirst das auch bald kriegen." Er wendet sich an seine Freunde und erklärt: „Ihr müsst wissen, Enes hat im Kindergarten jede Menge Freundinnen."

„Gar nicht", protestiert Enes. „Ich habe nur eine, nämlich Steffi."

Von der Rolle

„Jetzt denk einfach nicht mehr daran", verlangt Alex. „Du weißt doch, dass ein Fußballer den Kopf frei haben muss."

Das stimmt. Auch die Profis dürfen sich nicht hängen lassen, nur weil ihnen mal was querkommt. Und Niko als Spielmacher darf das natürlich erst recht nicht.

Die Freunde haben das Stadion erreicht.

Am Eingang wartet Catrina. „Und? Alles klar?", ruft sie zur Begrüßung.

„Was denn sonst?", gibt Niko zurück. Und den Jungen zischelt er zu: „Kein Wort mehr über Rebekka."

Leider tut Mark ihm diesen Gefallen nicht. Die VfBer

– wie immer ganz in Grün – haben Anstoß. Gleich danach heftet Mark sich an Nikos Fersen. Und sofort fängt er an zu sticheln. Ein guter Manndecker wie er ist nicht so einfach abzuschütteln. Deshalb versucht Niko, die Ohren auf Durchzug zu stellen. Vergeblich! Marks Gequatsche hört er trotzdem. Da! Ein Fehlpass! Zum Glück kann Catrina den Fehler in allerletzter Sekunde ausbügeln.

„Pennst du, oder was?", schimpft sie.

Mark grinst. „Du träumst, stimmt's?", flüstert er. „Nämlich von Rebekka."

O Mann, ein guter Spielzug muss her, damit der Kerl die Klappe hält. Tatsächlich kann Niko sich endlich mal freilaufen. Er spielt den Tormann aus und schießt.

Vorbei! Vorbei am leeren Tor. Genau wie heute in der Pause. Das gibt es doch einfach nicht!

Danach ist Niko völlig von der Rolle. Und was noch schlimmer ist: Die Blau-Gelben lassen sich von ihrem Spielmacher anstecken und spielen nur noch Murks. Kurz vor der Halbzeit ist es dann so weit. Bamm – so schlägt es in Mehmets Kasten ein.

Jetzt geht´s los!

„Was ist denn los mit euch?", erkundigt sich Norbert in der Kabine.

„Das ist nur, weil Niko krank ist", ruft Enes. „Deswegen klappt es nicht."

„Krank?", fragt Norbert besorgt. „Soll ich dich auswechseln?"

„Nein, nein, bloß nicht", sagt Niko erschrocken. Das fehlte noch, dass er auf der Ersatzbank Platz nehmen muss. „In der zweiten Halbzeit drehen wir das Ding noch, ganz bestimmt."

Aber leider sieht es danach zunächst gar nicht aus. Vom Anpfiff an ist Mark wieder da und er hat grässlich gute Laune.

„Mach dir nichts draus", sagt er großmäulig. „Gegen den VfB kann man schon mal verlieren."

Also wirklich, jetzt ist aber Schluss mit lustig! Wütend stürzt Niko sich in den nächsten Zweikampf. Zu wütend. Er fährt die Grätsche aus und Mark kugelt durch den Strafraum. Sofort pfeift der Schiri und zeigt auf den Punkt.

Elfmeter! Mark legt sich den Ball selbst zurecht. Wenn er trifft, dann gehen bei Blau-Gelb die Lichter aus. Dann ist die Niederlage endgültig besiegelt.

Und wer ist schuld daran? Niko! Niko ganz allein! Kaum hat er ein paar Probleme, schon kickt er den letzten Mist zusammen. Stolpert herum wie ein Anfänger und zieht damit die ganze Mannschaft runter. Fußballprofi? Das kann er sich aus dem Kopf schlagen. In der Bundesliga können sie solche Weicheier nicht gebrauchen.

„Mehmet hält", behauptet Catrina. Aber so nervös, wie sie rumzappelt, glaubt sie wohl selbst nicht daran. Niko würde am liebsten gar nicht hinschauen.

80

Nur Mehmet steht ganz ruhig auf der Linie und lässt seinen Gegner nicht aus den Augen. Geht da vielleicht doch was?

Mark läuft an. Schuss!

In dem Moment taucht Mehmet ab. Er fährt die Pranken aus und …

Ja! Er hat ihn! Mehmet hat den Ball wirklich unter seinem Körper begraben. Der Tormann hat Blau-Gelb gerettet, außerdem Nikos Karriere und einfach alles.

Übermütig brüllt Niko dem Freund ins Ohr: „Jetzt geht's los!"

„Wird auch Zeit, dass du endlich mal aus dem Quark kommst", brummt Mehmet.

Die beste Medizin

Eben hat Mark sich noch aufgeführt wie Superman höchstpersönlich. Aber einen verschossenen Elfer steckt auch Superman nicht so leicht weg. Mark lässt die Schultern hängen und schlurft mutlos über den Platz.

Niko dagegen spürt endlich wieder Pfeffer in den Fußspitzen. Und er tut das, was ein guter Spielmacher tun muss. Entschlossen kurbelt er das Spiel seiner Mannschaft an.

Ein Zweikampf? Bitte sehr! Aber Mark kneift und lässt Niko freie Bahn. Gerne. Mit einem feinen Pass bringt Niko Alex ins Spiel. Der packt einen Hammer aus. Leider kommt dem VfB die Latte zu Hilfe.

Sie lässt das Leder prallen und verhindert den Ein-
schlag.

Doch der VfB hat den Warnschuss verstanden und
alarmiert seine Abwehr. Um den knappen Vor-
sprung zu verteidigen, machen die Grünen die
Räume eng. Nur einer hält sich nicht daran. Mark.
Wie es aussieht, hat er keine Lust mehr, an Nikos
Fersen zu kleben, und bleibt lieber in respektvollem
Abstand.

Etwas Besseres kann Niko gar nicht passieren. Er muss nur auf die Gelegenheit lauern. Jetzt! Alex geht seinem Bewacher von der Leine und Niko kann ihm die Kugel in den Lauf legen. Kein Hammer diesmal. Mit einem gefühlvollen Lupfer lässt Alex Blau-Gelb jubeln.

Die Grünen dagegen lassen ihrem Ärger freien Lauf. Sie meckern sich an, dass es nur so rumst.

Catrina kichert. „Hör doch mal, wie die drauf sind", flüstert sie.

„Herrlich!" Niko grinst. „Das klingt wie Musik in meinen Ohren."

Und nun? Das Ergebnis halten und mit dem Unentschieden zufrieden sein? Nix da! Denn dann kapieren es diese VfBer doch in hundert Jahren noch nicht, wer der beste Fußballverein der Welt ist.

Deshalb muss ein Sieg her. Also weiter volle Kraft voraus!

Aber der VfB hat ein neues Motto ausgegeben: Hauptsache nicht verlieren! Die Grünen verteidigen mit Mann und Maus, und Niko haben sie sogar noch einen zweiten Bewacher auf die Zehen gestellt. Kein Durchkommen mehr und Blau-Gelb rennt die Zeit davon.

Doch dann ein Freistoß in der letzten Spielminute.

Catrina führt ihn aus. Ein weiter Schlag, wie ihn kein VfBer ihr zugetraut hätte. Als sie schließlich die Gefahr wittern, ist Niko schon auf und davon. Unbehelligt von seinen Aufpassern, schiebt er den Ball in die Maschen.

Tor! Tor! Tor und Sieg für Blau-Gelb! Sieg für den besten Fußballverein der Welt! Sieg für die Teufelskicker!

Begeistert fällt Niko Catrina um den Hals, um sich für diesen Traumpass zu bedanken.

„Vorsicht", quiekt Enes erschrocken vom Rand. „Denk an deine gefährliche Krankheit!"

Niko lacht. „Die Allergie, meinst du? Die ist verflogen. Tore sind dagegen nämlich diebeste Medizin."

Noch ein Sieg

Am nächsten Morgen in der Schule drückt sich Mark wortlos an Niko und Alex vorbei und verschwindet im Treppenhaus.

„Haha, dem hat es die Sprache verschlagen", bemerkt Niko schadenfroh.

„Und wenn er doch noch mal lästern will, dann fragst du ihn einfach, wer den Elfer versiebt hat", schlägt Alex vor.

„Guter Plan!" Niko schaut sich suchend auf dem Schulhof um. „Wo ist er eigentlich, unser Elfmeter-Held?", fragt er.

Alex zuckt die Schultern. „Der liegt noch in der Kiste und träumt von unserem Sieg."

Niko lacht. „Gönnen wir ihm die kleine Auszeit. Nach der Leistung von gestern hat er sie sich wirklich verdient."

Es klingelt. Gut gelaunt machen die Freunde sich auf den Weg zu ihrer Klasse. Nicht mal der Gedanke an Rebekka kann Nikos Stimmung trüben.

Der Unterricht hat gerade begonnen, da geht die Tür auf. Mehmet! Er hat Enes im Schlepptau. „Nanu? Ein neuer Schüler?", wundert sich Frau Pirosky.

„Ja, nein, es ist nämlich so..." Die Sache ist Mehmet

sichtlich peinlich. „Ich muss Enes morgens immer in den Kindergarten bringen. Aber der ist heute zu. Schon vor einer Woche hat die Kindergärtnerin mir deswegen einen Brief mitgegeben. Leider habe ich ihn in meinem Ranzen vergessen. Mama ist jetzt bei der Arbeit und niemand ist daheim."

„Deshalb brauchst du jetzt eine Betreuung für deinen Bruder", vermutet Frau Pirosky.

Mehmet nickt.

Rebekka schnipst mit den Fingern und ruft: „Der Kleine soll zu mir kommen! Ich bin ein guter Babysitter."

Frau Pirosky zögert.

„Aber neben dir sitzt Niko", überlegt sie.

Rebekka wendet

sich an Niko und fragt: „Bist du sauer, wenn du hier wegmusst?"

Niko springt auf und versichert hastig: „Ne, ne, gar nicht. Das geht schon in Ordnung."

Frau Pirosky seufzt. „Na gut, Niko, setz dich wieder zu Alex. Aber nur, wenn ihr nicht schwätzt."

„Kein Wort! Ich schwör's!"

Erleichtert kehrt Niko auf seinen alten Platz zurück und grinst Mark herausfordernd an. Doch der schaut schnell weg und blättert mit plötzlich erwachtem Interesse in seinem Sprachbuch. Bingo! Noch ein Sieg für Niko und Blau-Gelb.

Immer wieder gern

In der Pause vertilgt Enes genüsslich eine Brezel.

„Wo hast du die denn her?", erkundigt sich Mehmet.

„Von Rebekka."

„Unmöglich!", widerspricht Niko. „Rebekka ist total geizig. Freiwillig rückt die doch nichts raus."

„Doch! Sie hat mir sogar einen Malblock geschenkt. Und ich darf ihre Filzstifte benutzen. Dabei sind die noch ganz neu." Enes schiebt das letzte Stück Brezel in seinen Mund und nuschelt: „Ich habe sie übrigens nicht."

„Was meinst du?"

„Na, diese Aller..., Aller..., diese Krankheit eben. Mich juckt es nämlich überhaupt nicht."

Mehmet lacht. „Glück gehabt, Kleiner", sagt er. „Dann kannst du deine vielen Freundinnen ja behalten."

„Es sind gar nicht viele. Nur Steffi. Und ..."

„Und?"

„Und Rebekka."

„Rebekka?"

„Ja, die ist nämlich total nett."

„Meinst du wirklich?", fragt Niko hoffnungsvoll.

„Also, wenn ich wieder mal neben ihr sitzen muss ..."

„Kein Problem", bietet Enes großzügig an. „Gib einfach Bescheid. Ich komme immer wieder gern vorbei."

Der große Fußball-Zoff

Streit unter Freunden?

Alex und Niko spielen Fußball bei Blau-Gelb. Sie sind in einer Mannschaft mit Catrina und dem Tormann Mehmet. Eigentlich sind Alex und Niko die allerbesten Freunde gewesen, bis ein blöder Streit dazwischenkommt. Das ist schlecht. Denn Teufelskicker müssen immer zusammenhalten. Das weiß so-

96

gar der kleine Enes, Mehmets Bruder. Inzwischen
hat auch der Trainer Norbert Verdacht geschöpft.
Ob jemand die Streithähne wieder versöhnen kann?

Ein Tiefschlag

2 zu 0! Leider für die roten Steinheimer. Dabei war Blau-Gelb viel besser und hatte jede Menge Chancen. Aber leider auch jede Menge Pech. Zwei Lattenknaller, ein paarmal knapp vorbei. Dazu hält der Steinheimer Keeper heute wie ein Weltmeister. Die Roten dagegen haben es irgendwie geschafft, zwei Treffer reinzumogeln. Deshalb spielt Blau-Gelb jetzt in der zweiten Halbzeit gegen die Uhr. Noch ist nichts verloren. Doch ein Tor muss her, so schnell wie möglich. Also los!

Entschlossen stürzt Alex sich in den Zweikampf. Er spitzelt seinem Gegner den Ball vom Fuß. Und bis der das gecheckt hat, sprintet er schon damit davon. Sofort sind die Roten in Alarmbereitschaft. Eine ganze Meute von Verteidigern schwärmt aus. Gleich werden sie da sein. Vorher schnell abspielen?

Niko winkt. Er steht ganz frei. Müsste den Ball nur reinschieben. Das wäre kein Kunststück. Aber wenn Alex allein die ganze Abwehr nassmacht, zeigt er endlich mal, was in ihm steckt. Außerdem ist es zum Abspielen sowieso schon zu spät, denn inzwischen ist Alex umzingelt. Macht nichts, den ersten Verteidiger hat er schon stehen lassen wie einen alten Regenschirm. Jetzt noch den nächsten umkurven und dann …

Aber plötzlich ist der Ball weg. Zack, rausgehauen von einem roten Bein. Schon ist ein Steinheimer Flitzer damit unterwegs. Wenn den niemand stoppt, wird's gefährlich. Abfangen, den Eindringling!

Aber da ist niemand. Die blau-gelben Verteidiger sind im Torschussfieber selber nach vorn gestürmt. So hat der Eindringling Platz und marschiert ungestört durch die gegnerische Hälfte.

Mehmet! Meeehmeeet!

Der Tormann eilt aus seinem Kasten und stürzt sich auf den Ball. Er stürzt ins Leere und die Kugel zischt an ihm vorbei. Entsetzt muss Alex mit ansehen, wie sie im Netz zappelt.

Das war's. Von diesem Tiefschlag erholen sich die Teufelskicker bis zum Schlusspfiff nicht mehr. Unter dem Jubel der Steinheimer schleichen sie mit hängenden Köpfen vom Platz.

Motto vergessen?

In der Kabine herrscht dicke Luft.

Wütend pfeffert Niko die Fußballschuhe in seine Sporttasche. Dann bricht es aus ihm heraus. „Warum spielst du nicht ab?", raunzt er Alex an. „Nur wegen deiner blöden Dribbelei haben wir verloren!"

„Alex hat dich bestimmt nicht gesehen." Enes klingt ganz piepsig. Streit in seiner Lieblingsmannschaft, das mag er gar nicht.

Doch Nikos Zorn besänftigt er mit diesem Friedensangebot nicht. „Nicht gesehen? Dann hat er wohl Tomaten auf den Augen! Die sollte er runternehmen, bevor er das nächste Mal über den Platz stolpert."

„Ich stolpere nicht!", stellt Alex klar. „Höchstens, wenn mich einer foult."

„Alex war nicht allein Schuld an der Niederlage", wirft Hendrik hastig ein. „Alle haben heute Fehler gemacht."

Doch Niko bleibt unversöhnlich. „Mann! Mit einem Tor wären wir wieder dran gewesen. Dann hätte Steinheim nämlich das Flattern gekriegt."

„Kann sein", brummelt Mehmet nachdenklich. „Vielleicht hätten wir das Ding noch gedreht."

Hey, was geht denn hier ab? Wird Zeit, dass Alex mal zurückschlägt, ehe Niko alle aufgehetzt hat. „Du, du, immer nur du!", ruft er empört. „Alles willst du alleine machen. Ständig müssen wir dich anspielen."

„Ganz genau! Und weiß du auch, warum?", erwidert Niko unbeeindruckt. „Weil ich der gefährlichste Torjäger bin, deshalb."

„Gefährlichster Torjäger? Haha!", höhnt Alex. „Ein Angeber bist du, sonst nichts!"

Niko wird blass. „Sag das noch mal!", zischt er.

„Mit Vergnügen , wenn du es so gern hörst."

Aber dazu kommt es nicht mehr, denn Catrina fährt energisch dazwischen. „Schluss mit dem Quatsch!", fordert sie. „Teufelskicker müssen doch zusammenhalten!"

„Das hab ich bis heute auch immer gedacht. Aber der …!" Anklagend zeigt Niko auf Alex. „Der hat unser Motto doch glatt vergessen."

Er schnappt seine Sachen und stapft aus der Kabine. Zum Abschied knallt er die Tür ins Schloss.

Der beste Freund

Bedrückt macht Alex sich auf den Heimweg. Allein. Sonst geht er immer zusammen mit Niko. Aber der ist ja bereits abgerauscht.

„Der kriegt sich schon wieder ein", hat Mehmet zum Abschied gesagt.

Doch da ist Alex sich nicht so sicher. Wie auch? Er war noch nie mit Niko verzankt. Niko ist nämlich sein bester, sein allerbester Freund. Zumindest war er es bis eben, bis zu dem blöden Streit.

Den Streit hat Niko angefangen, ganz klar! Er wollte die Schuld für die Niederlage auf Alex schieben. Dabei hat er heute selber jede Menge Großchancen versemmelt und sollte lieber mal ganz still sein.

106

Ja, okay, Alex hätte flanken können. Niko hätte getroffen und vielleicht hätte Blau-Gelb das Spiel tatsächlich noch gewonnen. Warum also wollte er es unbedingt auf eigene Faust versuchen?

Weil Niko schon so viele Tore geschossen hat, deshalb. Viel mehr als Alex. Tore sind wichtig für einen Fußballprofi. Profi, das will Niko unbedingt werden. Alex auch, na klar. Also muss er aufholen, sonst kann er später höchstens sowas Langweiliges werden wie Lehrer oder Frisör.

Niko war gemein.

Trotzdem, Alex

möchte nicht, dass es aus ist zwischen ihnen. Er würde ihn total vermissen. Aber nur keine Panik! Bestimmt vermisst Niko Alex genauso. Deshalb wird er anrufen, sobald er sich ein bisschen beruhigt hat. Und dann werden sie sich wieder vertragen.

Alex geht schneller. Daheim klingelt er Sturm und rennt die Treppen hinauf. An der Wohnungstür wartet seine Schwester Vanessa.

„Wo bleibst du denn?", beschwert sie sich. „Mama und Papa sind weg und ich muss dich reinlassen. Glaubst du, ich will ewig auf dich warten?"

Alex unterbricht ihren Redeschwall und fragt aufgeregt: „Hat Niko angerufen?"

„Der Blödmann?" Vanessa schnaubt verächtlich. „Ne, zum Glück nicht!"

„Niko ist kein Blödmann", sagt Alex empört. „Er ist mein Freund, dass du es nur weißt!"

Aus und vorbei

Niko ruft nicht an. Nicht am Samstag und auch nicht am Sonntag. Was hat das zu bedeuten? Ob ihm der „Angeber" noch immer quersitzt? Dabei hat Alex damit doch voll recht gehabt. Niko ist ein Angeber, aber hallo! Wie er mit seinen Toren rumprotzt, ist doch kaum auszuhalten.

Aber bestimmt will Niko den ganzen Ärger nicht am Telefon besprechen. Am Montag auf dem Schulweg wird er noch ein bisschen rumdrucksen und dann wird es kommen: „Also wegen Samstag …"

„Vergiss es!", wird Alex großzügig sagen, und alles ist wieder geritzt.

Am Montagmorgen nimmt Alex sich nicht mal Zeit zum Frühstücken und rennt viel früher los als sonst. Atemlos kommt er an der Ecke Hofstraße an. Hier treffen sich die Freunde immer, um zusammen zur Schule zu gehen. Niko ist noch nicht da. Klar, ist ja noch früh, und der Faulpelz mag es morgens lieber gemütlich.

Alex wartet. Eine Ewigkeit, viel länger als sonst. Aber Niko kommt nicht. Er wird doch nicht krank sein? Das wäre natürlich etwas anderes. Dann muss Alex am Nachmittag zu ihm gehen. Er muss einen

Krankenbesuch machen und die Hausaufgaben vorbeibringen. Das gehört sich so. Noch ein letzter Blick in die Allee, kein Niko, und Alex sprintet los. Der Schulhof ist leer. Fast leer.
Nur Frau Scheinhard, die strengste Lehrerin der Teufelsgrundschule, hält noch Ausschau nach Nach-

züglern. Kaum hat sie Alex entdeckt, meckert sie: „Der Unterricht hat schon längst begonnen. Musst du ständig zu spät kommen?"

Dabei kommt Alex gar nicht ständig zu spät. Ganz selten eigentlich. Aber für lange Erklärungen hat er jetzt keine Zeit. So quetscht er nur „'tschuldigung!", hervor, stürmt die Treppe hinauf und reißt die Klassentür der 2a auf.

Niko ist nicht krank. Ganz gesund sitzt er auf seinem Platz. Und dafür hat Alex sich an ihrem Treffpunkt die Beine in den Bauch gestanden und auch noch den Anschiss von der Scheinhard kassiert. Aber jetzt reicht es! Wenn Niko es nicht anders will, dann ist es ab jetzt eben aus und vorbei zwischen ihnen. Alex läuft ihm jedenfalls nicht nach. Das wäre ja noch schöner!

Stunk bei Blau-Gelb?

Niko begrüßt Alex mit einem eisigen Blick. Dann rückt er ans äußerste Ende des Tisches und beugt sich über sein Rechenbuch, als gäbe es nichts Interessanteres auf der Welt.

Pah, was der kann, das kann Alex auch. So kümmert er sich nicht weiter um Niko und schreibt die erste Aufgabe in sein Heft.

$45 : 9 =$

Aber das Ergebnis kriegt er nicht heraus. Kein Wunder, Alex kocht. Und mit so einer Wut im Bauch könnte selbst ein Genie nicht rechnen. Frau Pirosky, die Lehrerin der 2a, merkt nichts davon.

„Niko und Alex", sagt sie nach einer Weile herzlich. „Ihr arbeitet heute sehr leise und habt noch gar nicht miteinander geschwätzt."

Diese Freude wird sie ab jetzt immer haben, denn mit Niko redet Alex nie mehr, kein einziges Wort.

Mark stößt seinen Freund Jonas an. Er flüstert ihm etwas zu und grinst Alex dabei frech ins Gesicht. Mark spielt auch Fußball, und zwar beim VfB. Ein Verein voller Angeber, den kein Blau-Gelber leiden kann. Marks Grinsen bedeutet nichts Gutes und deshalb kann Alex sich jetzt erst recht nicht mehr auf 45 durch 9 konzentrieren.

Endlich klingelt es zur Pause. Sonst nützen die Freunde diese Zeit immer zu einem kleinen Kick. Aber daran ist heute gar nicht zu denken. Niko und Alex würdigen sich keines Blickes.

Vergeblich versucht Mehmet ein Gespräch in Gang zu bringen.

Mark nähert sich. „Na, Stunk bei Blau-Gelb?", fragt er listig.

„Kümmere dich um deinen eigenen Kram!", gibt Niko verdrossen zurück.

„Ich mache mir eben Sorgen um das Derby", beteuert Mark scheinheilig. „Wenn ihr verkracht seid, tretet ihr vielleicht gar nicht mehr gegen uns an."

Verdammt, das Derby hat Alex glatt vergessen. Dabei sind Spiele gegen den VfB Höhepunkte im Leben eines Fußballers. Das letzte haben die Blau-Gelben gewonnen. Aber diesmal, als zerstrittener Haufen, haben sie null Chancen und sollten besser daheimbleiben.

Mehmet gibt sich trotzdem tapfer. „Mach dir keine Hoffnung", sagt er. „Am Samstag fegen wir euch aus eurem eigenen Stadion."

„Hihi, wer's glaubt!", erwidert Mark vergnügt.

Ja, wer wohl? Alex jedenfalls nicht.

Sag das dem doch mal!

Sonst ist Alex am Nachmittag immer mit Niko verabredet. Aber das geht ja nun nicht mehr. So bleibt ihm nichts anderes übrig, als daheimzuhocken und sich zu langweilen. Die einzige Abwechslung ist ab und zu ein kleiner Streit mit seiner Schwester. „Willst du nicht endlich mal wieder Niko besuchen?", fragt Vanessa genervt.

„Das ist doch ein Blödmann, schon vergessen?"
Vanessa kichert. „Eben, deshalb passt er ja so gut
zu dir. Und außerdem, wenn du bei ihm bist, gehst
du mir nicht auf den Wecker."

Mittwochs ist Training. Darauf freut Alex sich sonst
immer. Aber heute hat er überhaupt keine Lust. Vielleicht sollte er gar nicht hingehen. Dann können
die anderen sich mal ein paar Gedanken machen.
Plötzlich klingelt es.
Niko! Endlich! Er hat eingesehen, wie blöd er war,
und will Alex abholen. Dann steht der Versöhnung
nichts mehr im Weg. Alex rafft seine Sportsachen
zusammen und sprintet in Weltrekordtempo die
Treppen hinunter. Kein Niko! Draußen warten Catrina, Mehmet und Enes.
„Was wollt ihr denn hier?", fragt Alex entgeistert.

„Mit dir reden", erklärt Catrina. „Mehmet sagt, dass ihr euren Streit noch immer nicht begraben habt. Aber das wird langsam höchste Zeit."

„Ach ja?", fragt Alex gereizt.

„Ja, weil die ganze Mannschaft darunter leidet. So gewinnen wir kein Spiel mehr."

„Sogar die Schnarchnasen vom VfB haben es schon bemerkt und lachen sich über uns kaputt", berichtet Mehmet.

„Und daran soll wohl ich schuld sein, oder was?",
empört sich Alex. „Ich habe einen besseren Vor-
schlag. Geht zu Niko und sagt dem das mal!"
Catrina und Mehmet werfen sich einen Blick zu und
seufzen.

Nur Enes plappert weiter:
„Haben wir schon gemacht.
Gerade eben."
„Und?", fragt Alex gespannt.
„Er hat gemeint: Sagt dem
das mal."
Jetzt hat Alex noch weniger
Lust aufs Training. Aber als
ob Catrina seine Gedanken
ahnt, hakt sie ihn einfach
unter und zieht ihn mit.

Ein sauberes Eigentor

Norbert ahnt nichts vom Streit in der Mannschaft. Bei seinem Training kommt sowieso jeder ins Schnaufen. Deshalb fällt es auch nicht auf, dass die beiden Streithähne kein Wort miteinander wechseln.

Beim Torschusstraining hat Niko die Nase vorn und lässt sich feiern. Dabei langt Mehmet bei seinen Schüssen gar nicht richtig hin, oder? Bei Alex dagegen hält er doch glatt wie ein Weltmeister.

Zum Abschluss des Trainings ein Spiel, Angriff gegen Abwehr. Wie immer stehen Alex und Niko zusammen im Sturm. Aber auch diesmal hat Niko mehr Erfolg. Schon gleich nach dem Anpfiff kann er jubeln. O Mann, ist er wirklich so gut? Aber vielleicht lassen seine Gegenspieler ihm einfach zu viel Platz. Da, schon wieder tanzt er durch die Reihen. Damit muss jetzt Schluss sein.

Schnell hält Alex Björn aus der Abwehrmannschaft sein Laibchen hin. „Wollen wir tauschen?", fragt er leise.

„Gern!", sagt Björn erfreut. „Ich wollte immer schon mal im Angriff spielen."

Alex legt Niko an die Leine. Gleich die erste Flanke

fängt er ab. Neuer Angriff, doch Alex spitzelt Niko das Leder vom Fuß. Niko versucht es allein, eine Drehung, noch eine. Das ist eine zu viel und Alex bringt die Beute in Sicherheit.

Jawoll! Läuft doch prima. Alex klebt an Niko wie Kaugummi. Der wird immer nervöser und bis zum Schlusspfiff gelingt ihm gar nichts mehr.

„Super, Alex", lobt Norbert. „Ich wusste gar nicht, dass du so ein guter Verteidiger bist. Das versuchen

wir auch am Samstag gegen den VfB. Zusammen mit Catrina wirst du den Laden schon dichthalten."

Na toll! Da hat Alex ja ein sauberes Eigentor geschossen. Verteidiger? Alex will Tore schießen, viele Tore. Tore sind wichtig für einen Fußballprofi. Aber in Zukunft darf er nur noch irgendwelchen Stürmern auf den Füßen stehen. Und Tore schießen die anderen, Niko zum Beispiel. Das war's dann wohl mit dem Profi-Traum.

„Alex in der Abwehr?" Spöttisch verzieht Niko das Gesicht. „Da macht sich der VfB bestimmt vor Angst in die Hose."

Überrascht schaut Norbert von einem zum anderen. „Alles klar bei euch?", erkundigt er sich.

„Alles bestens!", murmelt Alex. Dabei schaut er niemanden an.

Sein Problem!

Samstag, Derby-Tag. Das Spiel steigt im VfB Stadion in der Südstadt. Dort gibt es einen gepflegten Rasenplatz, eine richtige Tribüne und jede Menge Zuschauer, die ihre Mannschaft schon vor dem Spiel lautstark anfeuern. Eigentlich genau die richtigen Zutaten für prickelnde Aufregung und Derby-Fieber. Aber davon spürt Alex heute gar nichts. Lustlos schlurft er aus der Kabine.

Enes trippelt neben ihm her. „Ihr macht die doch platt, oder?", fragt er besorgt.

„Hhm", brummelt Alex.

Nie im Leben! Eine Fußballmannschaft muss zusammenhalten, das weiß jedes Baby. Einer muss für den anderen da sein. Aber zwischen Alex und Niko herrscht noch immer frostigste Eiszeit. So wird das nichts mit einem Sieg.

Zum Glück hat Alex bald keine Zeit mehr, sich den Kopf zu zerbrechen. Vom Anpfiff an drückt die Heimmannschaft. So hat die blau-gelbe Abwehr alle Füße voll zu tun.

Catrina als erfahrene Verteidigerin ist diesen Stress gewohnt. „Torben ist brandgefährlich", prustet sie mit hochrotem Kopf. „Auf den musst du aufpassen."

„Alles klar!" Augenblicklich heftet Alex sich dem

flinken Stürmer an die Fersen. Mit Erfolg. Noch hat sein Gegner kein einziges Mal aufs Tor geschossen. Schon wieder ein Zuspiel. Passgenau für Torbens Fußspitze. Doch Alex hat aufgepasst und haut das Leder raus.

„Mist!" Enttäuscht stampft der verhinderte Schütze mit dem Fuß auf.

„Wo denn?", fragt Alex scheinheilig. „Etwa hier, auf eurem schicken Platz?"

So sicher die blau-gelbe Abwehr steht, nach vorn läuft nicht viel zusammen. Da, schon wieder vertrudelt ein Traumpass im Aus, weil Niko gepennt hat.

„Bei dem klappt heute gar nichts", ärgert sich Catrina. „Ich glaube, der ist total von der Rolle."

Alex zuckt die Schultern. „Na und? Sein Problem."

Geschieht ihm ganz recht! Dann wird ihm die Angeberei endlich mal vergehen.

Stunk beim VfB?

In der zweiten Halbzeit erhöht der VfB den Druck noch. Mit einem eigenen Angriff will Catrina für Entlastung sorgen. Mutig marschiert sie in die gegnerische Hälfte, schaut und spielt auf Niko. Sofort nehmen die Verteidiger ihn ins Visier. Aber noch könnte er flanken. Olli hat sich im Rücken der Abwehr davongeschlichen und steht ganz frei. Er muss den Fuß nur hinhalten und dann rappelt es kräftig im Karton.

Halt, was macht Niko da? Will er es etwa auf eigene Faust versuchen? Das kann nicht gut gehen. Oder doch? Den ersten Bewacher hat er schon verladen.

Nun der Zweikampf mit Mark. Niko versucht es mit einem Trick. Aber für solche Späßchen ist Mark nicht zu haben. Er klaut Niko den Ball vom Fuß und spielt blitzschnell ab. Erschrocken schlägt Niko die Hand vor den Mund. Er weiß, was das bedeutet: Ein Konter und Blau-Gelb ist mausetot.

Catrina? Die hat noch immer den Vorwärtsgang eingeschaltet. So schnell kommt sie nicht zurück. Alex ist ganz allein zu Haus.

An der Mittellinie lauert Torben. Wirft den Turbo an, will losdüsen. Denkste! Gerade noch rechtzeitig ist Alex zur Stelle. Er schraubt sich hoch und köpft das Leder weg. Catrina kann verlängern und so kommt Niko noch einmal in Ballbesitz.

O nein! Wenn der sich jetzt wieder verdribbelt …

Aber diesmal schiebt Niko den Ball blitzschnell hinüber in den Strafraum. Dort ist Olli noch immer ganz allein. Er hat alle Zeit der Welt und kann sich die Ecke aussuchen. Zack! Und endlich, endlich schlägt es ein.

Erst als Alex im Freudentaumel an Nikos Hals hängt, fällt es ihm wieder ein. Sie sind ja verkracht. Aber jetzt ist es zu spät.

„Du hast mich gerettet!", brüllt Niko.

„Immer wieder gern!", brüllt Alex zurück. „Sag nur Bescheid, wenn du mich brauchst."

Das Tor hat Mark und seinen Freunden die Laune gründlich verdorben. Ihr Gemecker klingt wie Musik in blau-gelben Ohren.

Alex grinst Mark an und fragt: „Na, Stunk beim VfB?"

„Kümmere dich um deinen eigenen Kram", erwidert Mark verdrossen.

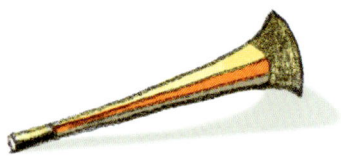

Teufelskicker müssen zusammenhalten

Der VfB will sich mit der Niederlage nicht abfinden und wirft alles nach vorn. So ergeben sich Lücken für Blau-Gelb. Mit schnellen Gegenangriffen suchen Niko und Co die Entscheidung. Noch hält der Tormann mit todesmutigen Paraden den VfB im Spiel. Doch dann entlädt sich Marks Ärger in einer Grätsche im Strafraum. Elfmeter, keine Frage.
Niko legt sich den Ball zurecht.

Er zögert einen Moment, dann winkt er Alex heran. Wie großzügig! Alex könnte schießen und treffen und endlich als Torjäger aufholen. Aber was ist, wenn er's vergeigt? Dann ist der VfB wieder obenauf und der Sieg in Gefahr. Lieber nicht!

„Du bist einfach der bessere Schütze", raunt Alex Niko zu. „Also, mach ihn rein!"

Das lässt Niko sich nicht noch einmal sagen. Ein kurzer Anlauf, schon fliegt der Keeper ins rechte Eck. Im selben Moment schlägt es links unten ein.

Das ist die Entscheidung! Auch Mark und seine Freunde wissen das. Mit hängenden Köpfen schlurfen sie über den Platz. Bald darauf erlöst sie der Schiedsrichter und pfeift die Partie ab. Hastig verschwinden die Verlierer in der Kabine.

Blau-Gelb dagegen feiert seinen Triumph ausgelassen auf dem Rasen.

„Ich hab´s gewusst!", jubelt Enes und hüpft von einem Bein aufs andere. „Ich hab doch gewusst, dass wir die plattmachen."

„Das war eine großartige Leistung", lobt Norbert seine Mannschaft. „Dabei hatte ich vor dem Spiel gar kein gutes Gefühl. Ich habe tatsächlich gedacht, ihr hättet euch zerstritten."

„Wir doch nicht!", protestiert Mehmet.

„Niemals!", beteuert Catrina mit Unschuldsmiene.

Enes hat vor Aufregung ganz rote Backen. „Teufelskicker müssen doch zusammenhalten", kräht er.

Niko stößt Alex an. „Und das tun wir, oder?", fragt er leise.

„Logisch!", versichert Alex mit Überzeugung. „Was denn sonst?"

Nachholbedarf

Mathematikunterricht am Montagmorgen. Von der vielen Denkerei raucht Alex schon der Kopf. Dabei will er später nicht Professor werden, sondern Fußballprofi. Für einen Profi gibt es Wichtigeres als Rechenaufgaben. Ein Profi muss ein gefährlicher Torjäger sein, einer wie Niko. Oder er muss den gefährlichen Torjägern des Gegners den Spaß vermiesen, so wie Alex. Knallharte Verteidiger werden in der ganzen Bundesliga gesucht.

Niko stößt Alex an und flüstert: „Du, wegen unserem Streit …"

Alex winkt ab. „Schnee von gestern."

„Ja, schon, aber was ich wissen will … Findest du das wirklich?"

„Was meinst du?"

Niko druckst herum. „Na ja, du weißt schon, dass ich ein Angeber bin."

Alex überlegt. Niko protzt gerne mit seinen vielen Toren. Aber das ist eigentlich gar nicht so schlimm. Ein guter Freund muss so was aushalten.

„Nun sag schon!", drängt Niko.

Alex grinst. „Ja! Du bist ein Angeber. Nämlich der allernetteste Angeber, den ich kenne."

„Alex, Niko!", mahnt Frau Pirosky. „Ich dachte, ihr hättet euch das Schwätzen abgewöhnt."

Frau Pirosky ist eine liebe Lehrerin. Alex möchte sie nicht enttäuschen. Aber was soll er machen? Eine Ewigkeit hat er mit Niko kein Wort mehr geredet. Da ist es total klar, dass sie jetzt Nachholbedarf haben. Das muss eine Lehrerin doch verstehen, oder?

Frauke Nahrgang hat als Grundschullehrerin unterrichtet, ist Autorin und leidenschaftlicher Fußballfan. Ideale Voraussetzungen also, um eine Fußballserie für Kinder zu schreiben. Die „Teufelskicker" sind eine echte Erfolgsgeschichte! Jetzt gibt es die Reihe auch für die jüngeren Fußballfans: „Teufelskicker Junior" – wie alles begann.

Eleonore Gerhaher, gebürtige Niederbayerin, hat in Essen und den USA, München und Südafrika studiert und gearbeitet. Sie illustriert nicht nur kickende Kinder, sondern auch Tiere und humorvolle Szenen für Kinder und Erwachsene. Seit 1991 lebt die Illustratorin mit ihrer Familie in Berlin.

Waldemar Bonsels; Frauke Nahrgang
Die Biene Maja
und ihre Abenteuer

ca. 96 Seiten, ISBN 978-3-570-22527-1

»Das Leben ist schön!«, jubelte sie und flog mitten hinein. Kaum ist die kleine Biene Maja geschlüpft, gibt's für sie kein Halten mehr: Im Bienenstock ist es ihr viel zu langweilig, Maja will hinaus und die große, weite Welt kennenlernen! So macht Maja bei ihrem Ausflug zunächst nicht nur Bekanntschaft mit dem netten Rosenkäfer Peppi und einem flippigen Grashüpfer, sondern muss auch prompt von Mistkäfer Kurt aus den Fängen der hinterhältigen Spinne Thekla befreit werden. Doch dann erfährt Maja von dem bösen Plan der Hornissen, ihren Bienenstock zu überfallen! Maja muss die anderen unbedingt warnen – und fliegt mitten hinein ins Abenteuer!

www.cbj-verlag.de

Annette Roeder

DIE KRUMPFLINGE

Egon zieht ein
96 Seiten,
ISBN 978-3-570-15858-6

Egon wird erwischt
96 Seiten,
ISBN 978-3-570-15859-3

Egon schwänzt die Schule
96 Seiten,
ISBN 978-3-570-17090-8

Egon taucht ab
ca. 96 Seiten,
ISBN 978-3-570-17123-3

Egon rettet die Krumpfburg
ca. 96 Seiten,
ISBN 978-3-570-17262-9

Egon wird großer Bruder
ca. 80 Seiten,
ISBN 978-3-570-17284-1

8308_6

www.cbj-verlag.de